歸家

歸家

김정현 시집

시집에 부쳐

유종호

평생 시를 사랑하여 시를 읽고 짓고 하였으나 팔순에 접어들어 비로소 자손의 성화에 못이겨 내게 된 唯一시집 『김정현 시집』을 접하고 문득 윤동주를 두고 한 정지용의 말이 떠올랐다. "무시무시한 고독에서 죽었고나! 29세가 되도록 시도 발표하여 본 적도 없이!"

처지와 맥락은 아주 다르나 80에 유일 시집이라면 그 삶도 고독도 예사롭지는 않을 것이다. 그래서 떠오른 당돌한 연상이리라.

등짝에 가슴팍에 소주로 불 붙이고
나의 귀가歸家길은 늦었다

문 열고 들어서면
내 아이들이

식은땀에 젖어 자고 있다

머리맡 놓아둔 밥상
수저 든 손길 사이로 흐르는
한숨 같은 바람결

먼 들녘을 흔드는 우렛소리
문득 달력을 보니
어느덧 입추立秋가 지난다

위에 든 「귀가」나 「차를 마시다가」에서 보듯 수록시편들은 한결같이 조용하고 차분한 일상 정경을 다루고 있다. 거기에는 과격한 감정의 동요나 정한의 회오리가 보이지 않는다. 안온하고 심상하되 바탕에는 수용의 덕목이 보이는 긍정 시편들이다. 그것은 걸어온 삶의 길을 반영한 것이리라. 팔순을 맞는 생애가 도달한 평상심의 경지는 요즘처럼 살벌하고 삭막한 세상에서 귀한 것이다.

한 가지를 열심히 사랑하는 것이 결국은 긍정에 이르는 길이라는 생각으로 성치 못한 몸으로 몇 자를 적는다. 사람이든 취미이든 물건이든 좋아하고 사랑하는 것이 곧 삶의 긍정이라고 생각하게 된다. 2018년 세모

| 차례

1부 새벽길

2부 부활 사진

3부 이 가을에

4부 솔가지에 앉았다가

5부 결

1부

새벽길

여기에

마루에 앉아, 가을
해 비친 마루결 결을 읽고 있노라면
만장萬丈을 깔아 놓고 보는 때보다도
적막寂寞을 지나 바람도 맑고 고요하다
다소곳이 몇 겹 탕진해 버린
시간의 그림자도 언뜻 스친다

고였던 물길이 다시 치솟는다 빠른 속도와
몇 만 길 거리에서 만나야 할 기다림
내 혼을 흔들어 보낸 녹색의 시간들
다시 불러와 그 허리를 날아 자를 때,
저 수심과 창공의 무한 속에
온몸을 받치고 선
내일의 절정을 본다

솔방울

아무도
들춰보지 않는 자리
거기 있구나

햇빛
굽어본 자리
달빛
흥건히
젖다 간 자리

줄기 따라
봄
눈 트이는데
긴 긴 침묵
누운 자리
다함 없는 생명을 섬겨
허전히 썩은 몸

햇살 기름 부어
거기
다시 피거라

만남

꽃을 보면
연민憐憫 같아라

서로를
한 장 한 장
가슴 깊은 곳

빛을 누르고
향香을 누르고

숨 쉬는
숨결

茶를 마시다가

승원僧院에도 가을은 한창이다
책을 휴지통에 버리고
돌아앉는다

밤,
밖에는 소시락거리는 빗소리
햇살로나 가슴 짚어

나중 나중엔
마른 가지에도
봄이 평화를 이루겠지

여름밤에

멍석 귀퉁이에 누워
혼곤히 잠에 젖은 아내의 이마에
별빛이 배어든다

해종일 구르던 땀방울
소금 꽃 하얗게 피던 이마에
내 마디 굵은 손을 얹으면,
밭이랑 열려가는 숨결

종달새 노랫소리에 익어가는 보리알
별빛에 녹아드는 휴식休息이여,
지열地熱은 그렇게도 뜨거웠거니,
노동勞動은 차라리
뜻 없는 정적靜寂이었거니,
바위 캐듯 육신을 끌고 가는 것이
네 속의 반딧불
화사華奢할 것 없는 믿음인 것을

나는 안다

베개를 고쳐주고
밤하늘을 본다
흘러라, 흘러라, 별무리
깊은 숨을 쉬는 하늘 속에서
아내와 내가
나란히 가고 있다

봄 나절

아내가
꽂아 놓은 화병花瓶에
개나리꽃 노오란 숨소리

뜨락에 서면
실버들 바람이
새싹 뽑아 올리는 소리
등藤나무 아래
초록빛 여운餘韻

봄이 술처럼 몸에 배이네

귀가歸家

등짝에 가슴팍에 소주로 불 붙이고,
나의 귀가歸家길은 늦었다

문 열고 들어서면
내 아이 둘이
식은땀에 젖어 자고 있다

머리맡 놓아둔 밥상
수저 든 손길 사이로 흐르는
한숨 같은 바람결

먼 들녘을 흔드는 우렛소리

문득 달력을 보니,
어느덧 입추立秋가 지난다

은자恩孜의 저녁

해 저물녘
진목리眞木里로 가는 버스 안에서
비슷비슷한 얼굴 무심고 건너다보다가
그 저런 일 혼자 되뇌이다가

덕충동德忠洞 고갯마루 넘어설 적
文友가 사는 아파트를 올려다본다
마음속 安否와 기겁던 일
주렁주렁 불 밝혔구나
마음 속속 스며드는 삶의 빛깔들

서녘으로 기울은 하늘 언덕
몽당연필도 춤을 추었지

머뭇머뭇 살면서
너 하나
나 하나

갈피 없는 흔들림
한 겹 눈꺼풀 속
별이 눈 뜬다

세수洗手

시간을 깨운다
아침을 연다
기도祈禱하는 마음으로

세월의 잠
푸르름 잡는 나의 염원念願
하루를 맞는다

묵은 날들
피곤한 얘길
씻어낸다

세수는
기도하는 어진 마음
시간을 깨운다
아침을 연다

새벽길 53

왼종일
바람이
단명短命한 꽃들에게
연정을 흘러 놓고
오지 않는다

저녁 들판
엷은 달빛
간절한 하늘이
몇 겹씩 접힌다

은하銀河를
안개 낀 시간이 끌고 간다
이윽고,
샐녁이면
들꽃들은 눈물도 사치하다
돌아오지 않는 아침을 맞는다

삼동골 감나무

초승달 가장가지에 칼날 세우다 등 굽어 돌아가고,
동짓달 子正바람 베개 밑으로 돌아와 나직이 눕는 고요

숙연肅然히 별빛 바라보니, 머리끝 얼음서리
빈 江물이 가고, 어긋진 얼굴이 가고

헝클어진 바람 속 빛을 모아 죽어도 그만
이제, 더 버릴 것 없다

얼룩이 지고 헤어진 시간, 하늘 굽이굽이마다
이승 너머를 다녀온 나무여,

世上 한 끝에 접어둔 눈물이
땅속 깊은 뿌리로 앉아있다

절뚝이는 잎새, 내 넋의 벼랑에 닿던 날
후줄근한 땅의 막바지에서,

저 먼동을 열고 地心을 풀어
우뚝 서 있는 내 등뼈 같은 無爲여

어둠에 관하여

옆구리에 바람 몇 편 날리며 저녁이 온다
오동도 방파제를 거닐면서
어둠은 어디서 오느냐고 우리는
서로 물었다
시인 신수정은, 어둠이 산山에서 슬슬 내려온다 했고,
수필가 강현실 형은, 시간 속에 묻어서 온다고 하고
나는, 삶이 지루해서 온다고 말했다

늦은 밤, 창가에서
드문드문 켜진 불빛을 바라보며
어둠 속 내 핏줄을 세척洗滌할 시간에
나는 목숨의 끝자리에서
술 취한 턱을 괴고
찬바람 맞으며 젖는 꽃 그것을
어둠이 온다는 사실로 기억 속에 묻는다

문득

그리운 샛별
물 위에 뜨는 풍경 속에서
어둠이 지나는 걸 본다
한 소절小節씩 음악으로 무너지는
어둠은 언제나 숲으로 자라나고
꽃으로 피어오르고
바람으로 휘몰아친다

목련木蓮

그는,
어젯밤 별빛을 맞은 꿈 가지를 달고 섰다
햇볕 자락을 훤히 펴고
두 귀방울이 수부룩이 열렸다
풀 그리메에 묻힌 가랑잎 소리 밟고 온
日月이 한 채 열렸다

실바람이 어깨를 맞댈 적마다
하얀 적막寂寞을 흔든다
하늘빛 아른아른 차오른
그 영혼靈魂의 손짓을 가장가지 끝
햇살에 놓는다

아득한 天空에 귀를 묻고,
때 절인 살림도 잊고
넉넉한 마음으로 눈을 살포시 감고 섰다

때로, 개여울 물소리 들려올 때마다
구름 한자락 불러와
얼룩진 얼굴을 쓰다듬고 있다

수묵화水墨畵

날마다
눈에 밟히는 풍경
오늘은
고목古木 가지에도
환한 햇살 먼저 깨어나
빈 가지에
이름 모를 새 한 마리 울고 있다

인고忍苦의 세월을 딛고
어젯밤
붓 자국 틈새로 별을 보며,
막막한 모래벌판 긴 외로움 삭이다
가난한 단잠 속에서 만난
수묵화水墨畵 한 폭
여기 있구나

내 가슴 결에 또 하나 녹아드는

시원한 세상
그곳에 녹아서
내 꿈에 서리어 숨 쉬는구나

새와 나무는
가꾸지 않아도 잘 자란다
노래한다

오午

아직도 오지 않는다
한낮 무더위 속

아내는

목화밭에 서 있는가
참깨밭에 서 있는가
콩밭 훈기에 절여 있는가

참새 두서너 마리 사이좋게 날아와
마당가에서 평화롭고 태평하다

본능으로 사는 새들이여
네들 모습 그 소리에
나 슬프다

이성理性에 찌들린 내 속 사정이야

저들만큼은 안 되겠지만

적어도 아내에겐 저래야만 하리
육십 살짝 넘으면
허망하리니

연戀

샘가에서 손 씻고 있는데
누가
등을 살짝 도닥여
소스라쳐 뒤돌아보니,
앙상한 감나무 가지 새로
열사흘 달이 환히 웃고 있다

신애!
……

멀리 멀리서 더 가까이 너를 본다
저 달의 숨결 이어 쏠리는 가슴,
그 결곡한 자리,
수럭수럭 차올라
또 한 번 비치는
푸르른 날들

달 2

나의 달이 병들고부터
마음속에 버짐이 피기 시작했다
오늘 저녁에는 구름이 걷히고
달이 뜰 법도 해서
기다렸는데 그믐이라고 한다

바닷가에서 돌아오면서도
달밤이 참 좋았었지
파도 소리 달덩이로 부서져 와서
길을 걷다가 뒤돌아보며
밤마다 내 창에 와서 지켜주는 달을 생각했었지
때로는 나를 이리저리
행려병자行旅病者로 끌고 다니기도 하지만
개 짖는 소리에 묻어 있는 어둠도
집집마다 켜진 전등불도 아이들 우는 소리도
다독거려 잠재우는 달을 생각했었지

오늘은
분홍빛 달이 뜨지 않는다
보랏빛 달이 뜨지 않는다
달걀색 달도 뜨지 않는다
나는 걸을 수 없다
땅은 어둠으로 녹아
마음속으로 차오른다
나의 달이 병들고부터 앉은뱅이로
사과 한 덩이 놓고 본다
그래 그렇지
달은 또 하나의 세상에 마음 주고
저 너머 세상에서 사는 거다
병든 것이 아니다
내 마음이 닫혀 있는 거다
눈을 감으니
밀려드는 달빛

2부

부활 사진

난蘭을 보며

나의 붓 끝이
이쯤 자랐을까

세서歲序를 밟아 自由로울
行草
생각만 매개 인다

난蘭은 함부로 자라 꽃 피지 않아
미리
그 환幻만으로
내 맘을 도시는가

향香의 끝자락 홀로 지키는
매나니 같은 기다림

봄 나절 3

—살구나무

깁실 같은 봄 햇살이
구새 먹은 살구나무 옆구리에 그늘을 놓고 간다
고요하고 한가해
氣象도 조용하다
살구나무는
그 가년스러운 세상을 향해
나중 나중에도 아름다우라고
더 곱게 꼭 피어
열매를 맺는다

어떤 부활復活 사진

한여름 밤에 달이
마당가, 멍석 위에서 혼곤昏困히 잠에 젖은
농부農夫의 가슴을 위무慰撫하다가
더덕 같은 손이 하도 기가 막혀,
그의 풀 무덤자리에 빠져 죽게 되었다

그 이후,
세서歲序의 길을 찾아 헤매이다
나중 나중에 반딧불이 되어서
하얀 박꽃이 피는 밤의 시간에
폴폴 날아다니고 있었다

요즘, 스마트 폰을 클릭만 하면
만능萬能인 세상이 되었다지만,
지금도, 형설螢雪의 밤에는
따뜻한 말이 되어
흰 종이 위에 내려앉곤 한다

엽서

옷섶에 배어나는
홀로 남은 손길

내 가끔
솔달빛 풀어젖힌 나무 사이를
두견이 울음 울고 가는 일이다

열망의 몸짓으로 가꾸는 구석
장미는 허구의 꿈을 편다

수많은 저녁이 가고
마른 종이 위로 풍경은 달리고

저 삶은 쑥바구니에 담아놓은
봄은 죽는가

꽃 한 망울 눈 뜰 적

잠도 꿈도 불타는 손으로
나를 포갠다

저만치서 새벽이
물안개 허리를 풀어
옛날 옛날 그 옛날
길을 여는가
빈 밤을 닦는가

아득히 나는 새

밤을 삼키고 우는 새 한 마리가
반딧불에 귀뚜라미 노래를 태워 보낸다
밤 언덕을 넘어 찾아 오시는
그대의 가슴결이
내 더운 심장에 포개지고,
무섭게 감춰놓은
눈 감은 혼의 내밀을, 그 새는 알아차리고
불태우고 날아가 버린다
빈 벌판을 달려가는 저 강물 건너
죽지를 가다듬고 앉은 새는
환하게 빛나는 노래를 한다
다시 눈 뜬 밤이 올 때까지

숯과 물방울

풀잎 끄트머리서
간들간들 물방울
숯 위로 떨어진다
자꾸 떨어진다

숯은 물방울을 껴안는다
물방울은 숯을 빤다
둘 다 하나 되면서
죽는다

불 속에서 죽고
비 오는 날에 죽고
불 붙는
이 화창한 봄날에
숯만 남아서 활활 타다
홀로 사그라진다

또 하나 물방울이
재를 덮는다 그자리에
파아란
새싹 하나 고개 든다

시소

빌딩 그림자 무너진 자리
잔설殘雪이 먼지 쓰고 누웠다
아이들이 놀이터에 나와 놀고 있다

뚱뚱한 아이와 홀쭉한 아이
둘이서 시소를 탄다
시소는 기우뚱
한쪽으로만 기운다
"재미 없다 재미 없어"
싹 가버린다

시소는 다시 수평을 이룬다
비어 있는 넉넉한 품으로
길다란 평화를 누인다

시끌벅적 또 아이들이 몰려온다
시소를 탄다
올라갔다 내려왔다

동짓달

그가 가고 난 후
허전해 어떻게 사나
모든 일 두루 보면,
소담한 울림장이다
홀로 감이여,
어렵고 깔끄럽다

얼레달만
나뭇가지에 걸려있고,
한숨도 속에 들어
앙그러진 파장이다
오늘 아픔인가
꿈속 풀어 묻는다

심沈봉사

쑥잎만 우거진
옛 집터에 눈이 퍼부어

공양미供養米 삼백 석에
눈 뜨고 본
세상

차라리
눈 감고 기다리는
내 마음
뒷켠

해돋이

그림자 이끌고 많이도 왔소
아침은 맑게 씻어
새 소리 정겹소

윤이는 청소하고
나는 글 쓰고
추원秋原은 잠 자고

입추立秋의 강江이 실날같이 빛나오

경景

후두둑 비가 쏟아지더니,
금방 햇빛이 난다
사방四方이 선연鮮然한 가을 빛이다
살아 움직이는 풍경도
늘 나의 눈에 배어서
낯익은 자연自然도 새롭다

푸른 물 하늘 닮아
더 깊다
그 위로
새가 날아간다

에코(Echo)

방에는 침대 하나,
의자 하나, 책상 하나,
그 외에 헌책 몇 권 놓여있다
罪 많은 호기심으로 쌓아 놓은 저 책들에게
은근히 반해버린다
죽은 자리
무덤가에 꽃 피듯 앉아서
가상假像의 독자를 향해 글을 쓴다
'공관복음서'가 아니어도 좋을
이 가련한 종이 한 장
자기 숭배와 헐벗음 옹호에
독창을 하고 있다
그 자체를 즐겨야 할
나의 책을 던져버린다
수천의 것을 명심銘心하면서
아니라고, 아니라고, 극성스럽게
웃어버렸다

꽃병 아궁이에 선 한 송이 꽃이
넌지시 건너다보고 있다

새벽을 바라보며

밤 깊도록
사락사락 내리던 눈도 그치고
이른 새벽
그 꿈속에 맴돌던 눈물의 그늘
내가 받아서 가슴에 노래로 굴리고 있을 때
문풍지도 깨어나 슬피 울며 떠는데
人生, 일 세간— 世間
함부로 살 일 만도 아님을 말하려니 눈물 먼저 나온다
일마다 쓰러지는 일 없어야 하는데,
그리고 못 올 길, 너
먼저 가고
나만 홀로 남아서
이 맘속
네 구슬을 만지작거리며
생각도 말로도 다 할 수 없네

3부

이 가을에

매화문梅畫紋

밋밋한 숨결 죽이고 건너다본다
급한 성결 눈 속에 묻고
봄을 기리는 마음
한설寒雪
풍경 삼아 잠들어 있다
눈을 안 감고도 풍경은 보인다
눈을 감고도 풍경은 더 잘 보인다

학동鶴洞나무*

전라남도 여천시麗川市에 가면,
학동鶴洞이라는 곳이 있다. 여수麗水 쪽으로 버스를 타고
가다 보면
큰 동구나무가 한길 복판에서 큰 허리를
동쪽으로 기댄 채,
아침 햇살을 받고 있는 걸 얼핏 보면
넓디넓은 마당귀 감나무 이야기가 아니라,

몇백 년 해 묵혀 살아온 연륜年輪
'서서 자는 나무'를 아직도 우리네 사람들은
아끼고 사랑하는구나 싶어서
오늘 하루 동안 들끓이던
좁살스런 일들이 싹 가시고 마는 것이다
그 나무를 중심中心으로 빙 돌아서

---

* 鶴洞나무: 여천시 학동 517번지에 있는 樹齡 280년 약 20m 높이의 팽나무로 82. 12. 3. 보호수로 지정

길을 낸 우리들 마음은
세상이 저만치 멀어 있어도 하늘로 절정의 충만한
푸르름을 더해가는 것도 살만하다.
꽁지 통박한 옛날의 새 한 마리도 하나도 울지 않고
학鶴은커녕 차車 소리만 우글거리는 마을이어도
어느 해 노곤한 봄날 저녁 또 그곳을 지나면서
어렴풋이 내 작은 가슴에도 오는 것이 있어
저－나무가 質 좋은 그늘로 아스팔트를 굳이 적시면서까지
젊은 선남선녀善男善女 마음 더욱 푸르게 해주시니
내 돌아온 쓸쓸한 방구석
그대와 가장 먼 곳에 있으면서도 풀냄새와 학鶴과 더
욥게 마주치곤 하였다

영성靈性

불의 능선稜線을 타고 봄이 온다
보리밭 이랑 사이를 허물고 일어서는
아지랑이 필요必要로운 손길
옷고름에 맺히는 내 그림자여

오늘은, 먼지 낀 창틀
시간時間의 앙금을 닦으며
햇살로 첼로를 녹이고 싶다
뭉클한 말들을 볕살에 말린다

때로는, 너를 가득한 언어言語들로 채우다
허천虛天 길바닥에
바람의 재가 되어 날아가 버리는가

닿을 수 없는 쓸쓸함
내 마음속 봇물이 터져
매장埋藏해 버린 무덤을 휩쓸어간

돌아나는 내 사랑아
손바닥에 얽힌 실금 같은 강江에
낮달로 떴는가

아직도 혼魂을 채우지 못한 채
녹슨 못 가슴에 박혀
수많은 노을을 잠재우는가

오늘에 1

밤과 낮의 열두 굽이를
돌고 돌아서는
무겁고 힘겨운
나의 손수레
잠시
나무 곁에 서 본다

가장 깊은 뿌리에서
잎 가장자리까지 뻗친
신선新鮮한 삶을
내 영혼과 교감交感하는 사랑

이웃고,
저— 서西녘을 가는
해와 달 지고 나면
더욱 깊어지는 어둠

촛불 빛에 입술 데워
온 누리 평안平安하네

이 가을에

빛바랜 창호지窓戶紙에
배어든 음십월陰十月

술잔을 비우듯
살다가신 아버님과

가을산山 그리메에 두고온
어머님을

보고 또 보다가
잠이 들었는데,

서西녘 서西녘으로 얼비친
환한 목선木船 한 척

맑은 강江물 줄기 따라
바다에 이르면
섬이 둥둥 떠가고

그 가장자리에
영원永遠처럼 놓인
노송老松 한 그루

환생還生의 맥을 짚던
학鶴이
한마당 꿈이 되어 날아간다

어느 미친 사랑에 관한 보고서

아버지는 액자 속 여자와 산다
말 대신 음악, 때로는 그림을 그리시면서
그녀와 반평생을 살아가신다
살면서 늙고, 우리를 낳으시고
이젠, 히끗히끗한 머릿결 사이로 스치는
영상映像의 아침을 맞는다
액자 속 그 여자는 〈좁은 문〉의
아리사나 〈겨울 나그네〉의 홍수洪水와
춘향전春香傳 속 그 한켠 가슴을 차지하고
있는지도 몰라.
오늘도 시詩를 쓰면서, 화복畵幅에 젖어
한 그루 나무를 심어, 오래오래 기다렸다
꽃을 보듯이 심고 가꾸는
그 액자 속의 여자
늘 봐도 한 모습 그대로인데
꿈으로 치장을 하며, 늘 여자를 보며
사신다

시집詩集 같은 여자, 시집詩集 같은 여자 하면서
액자 속 그를 보시는데
사실은 찬찬히 들여다보면, 어느 여류소설가女流小說家 같기도 하고, 미인美人 콘테스트에 나오는 주인공主人公 같기도 한데
이승에는 없는 여자
아버지는 어느 미친 사랑에 관한 보고서를
쓰고 계시는지 몰라

---

* 李祭夏님의 소설 〈지요〉에 知答하여

금오도金鰲島

사는 것에 밀리어
폐선처럼 정박한 곳

언덕바지 눈 녹아난 자리
파란 쑥잎이 고개 든다

물새울음으로 닦아놓은
나의 창에
파도는 음반처럼 밀려온다

섬으로 뜨는
마음 뒤안에 숨겨놓은
나의 부표浮標
가만히 흔들어 본다

만리萬里 같은 한복판에 뜨는
허전한 팔가슴

푸른 약

냉이꽃 봄이 온다
나뭇가지에 초록이 터지고,
세상 여기저기 원색 짙은 봄의 모습이
따뜻한 바람결에 몰려와도
나 저 나무가 지키는 세월처럼
낙엽 떨구고, 말 지우고
다시 푸른잎 달아
본래의 모습으로 열매를 주렁주렁
매다는 것을……

검은빛 하늘, 푸른 하늘도 있을 법한데,
나를 만나고 지워지는 하늘의 푸른색을 두고
노을빛 하늘의 제 모습은 그리고 있었다
마지막 나를 지우고 또 하나의
모습을 만나고 싶다

이 가을에 2

이 밤내
자리 누운 고요의 언저리
깊은 풀벌레 소리

잠도 안 와 이불 여밀며
내 창窓에 반半쪽 배인
하늘을 본다

별들이
먼 산山자락 너머
내 하늘
눈물 굽이 굽이를 쓸고 지난다

어둠이 지샐 녘
문門 밖엔
가을 바람 애달프게 찾아 헤매는지
갈비 쏟는 잎이 내리고

아내는 산맥山脈처럼 누워 있고
나는 세간차릴 몸살만 아득하다
이 밤내
마음 줄줄이 슬리는
풀벌레 소리…

촛불이 오롯이
내 그림자를 길게 그린다

연가戀歌 2

쥐불의 능선을 타고 봄이 온다
보리밭 이랑 사이 망각의 꿈을 깨우고
일어서는 아지랑이 숨가쁜 손길
옷고름에 맺히는 내 그림자여

오늘은 먼지 낀 창틀
시간의 앙금을 닦으며
가슴 속 뭉클한 말들을
햇살로 녹여낸다

때로는 너를 가득한 언어로 채운다
길바닥의 바람의 재가 되어
날아가 버리는가
닿을 수 없는 쓸쓸함
내 마음 속 봇물이 터져
손바닥에 얽힌 실금 같은 강에
낮달로 떴는가

온갖 시련을 두고 세우는
기도의 그 높이에
풀밭 이슬로 깨어나는 내 사랑아
아직도 혼을 재우지 못한 채
녹슨 가슴

수많은 노을을 잠재운다

거문고 줄 고르며

별을 바라
돌그늘로 굳어진 정情

고요로운
어둠에 서면
묵언默言한 만정萬情을 머금다

돌돌 경단처럼 말아둔 침묵沈默
새벽달 여울물에 마음귀 닿아
여읜 꿈 얼비쳐
사무친 흐느낌

비원悲願에 목메인
만적萬寂 흩는 현絃

연가戀歌 1

홀로 다독이는 위안
한 모금 담배를 빤다
난해한 감각
반수면 위에
기우뚱 네 집이 보인다

우리
노래가 한창일 때
이웃 빈터에
예닐곱 송이 꽃이 피었다
순한 가슴 가슴 겹치는
마디 마디
정든 병이 싹으로 돋아나
좋은 일 궂은 일
그래 날이 저물었다

이제 먼 흐름이 되어

네 모습이 한 가닥 추상으로
포장되고
부르는 대로 머리만 끄덕인다

그대
샅샅이 알고 나면
아무 일 없을 때보다 더
예쁘고
그냥 절로 오는 바람
맑아서 좋아라
긴 흐름이어서 좋아라

풍경風磬

밤새 침묵과 싸운다
휴식의 깊이를 모를 중심부에 내가 죽어
무한으로 이어지고 있다
더듬더듬 찾아가는 사유의 골짜기
하이에나 울음소리도 들린다
창 밖 어둠 속 간장 저리는
달빛 구김 가는 소리,
천장을 뚫고 오는 새앙쥐 이빨 가는 소리,
나도 형태 없는 시간을 쏜다
모든 소리 시간에 깎여
뼈다귀로 굴러떨어진다

무수한 숨결을 한숨처럼 마지막
담배연기로 날려 보내고
수부룩이 쌓이는 숨결 그 가장자리에
공허가 앉는다
소리로 나를 채우며 홀로 깨어 있는 밤,
밤기운이 차다

밤에 승리하는 자는 누구일까?
세공되는 다이아몬드,
암시의 끄트머리에 매달린 정적,
생각은 두엄처럼 쌓인다
소리의 씨앗은 퇴비를 먹고
새싹이 또 껍질은 깬다

잠든 바람이 일어서 울음을 타고 온다
전능한 물줄기여, 달아오른 등쪽을 식히고
산의 가슴을 헤집고 흐르는,
이젠 새벽,
파아란 풍경 소리

저녁눈

한 겹 홑이불 같은 꿈을 꾸며
길을 간다
술에 취하든, 일에 취하든
그 무엇에 깊이 걸려 길을 간다
쉼 없이 그 짓을 되풀이하지만,
오늘 하루도 가슴 바로 세우기에 바빴다
더러 짓밟히기도, 묻히기도 하는 세상사世上事
목 말라 지치기도 하는 사람들
이름 하나 외우며 간다
해 지는 찬밥거리를 찾아 헤매이던 K형
정강이가 얼어 붙어
따뜻한 보리차 한 잔 그립다 했지

푸르른 날을 향해 가다가
아프면 삭신 녹이며,
다수굿이 수양버들 아래
강물 풀리는 걸 보았고,

돌바람 뼛속을 빠져나와 혀 묻는 그런 하늘 속
그대 가슴 깨치는 한평생
섣달 기러기가 울고 간다

길 모퉁이 손바닥만 한 라면 가게
하얀 눈만 자꾸 내린다

여수 만성리萬聖里에서

1

하늘이 바다에 섞여
초록으로 빛나는 한낮

어부漁夫는 바다에서 돌아와
소매 끝에 묻히고 온 일상日常을 풀며,
수절守節하는 국량局量의 그물코를 꿰맨다

잔잔히 음반音盤처럼 밀려오는
파도波濤는 가슴 부풀다

갈매기 밝은 나랫깃에
묻어온 햇빛 속 설움
구름 두둥실
먼 길을 마음하면,
검게 탄 모래밭은 인파人波에 덮여
태양열太陽熱로 바래다

2

나는 지금
외로운 인습의 사막에 앉아
장님이 광망光芒의 눈빛으로
마지막 장미를 보듯
연한 새순 같은 마음결 돋아
가야할 억만리億萬里를 놓고 본다

작은 모래 그림자
염주念珠처럼 혼자 헤아리다
하직下直 삼아 공산空山 같은 하루를 또 본다

여느때는 해 저물녘
겹도록 마음 지치면,
바닷물도 고단한 내 곁에 와
젖고 가더니만……

3

옥색玉色 하늘에 흰 구름
남해항南海向 여객선
긴— 경적
마음 설레인다

4부

솔가지에 앉았다가

무금선원無今禪院에서

내설악 백담사 무금선원無今禪院에 서다
단풍지고 인적人跡 드물어
서녘 하늘 달아!
선원禪院의 길목에 나서면,
달빛이 낙엽 쓸어가는 소리

나는, 거기서
어떤 이의 세상사世上事,
나무처럼 살다 간 흔적痕迹
그 환영幻影을 보았다
세서歲序에 양념을 하여 버무리며 무치는 눈, 바람까지도

솔가지에 앉았다가

잠시, 솔가지에 앉았다 날아가는 새를 본다
우리도 세상世上의 가지에 머물다가 가는 것

허물없는 웃음을 날리며
푸른 하늘을 본다

조용히 익어 빈 몸으로 떨어진 솔방울을
저만치 환한 열매, 봄 되어 싹 트리

다시금 그 둘레에
얽히어 넘치는 연분緣分

나도 세서歲序에 얹혀
시골 노인老人, 문학시간에 젖는다

돌 그늘

깊은 밤
어디서 물 흐르는 소리

차라리
눈 감고 기다리는

내 마음
윗켠

몸빛

잊지 못하는 그를 두고
나무라 했다
나의 잠 속에서
그는 〈비 듣는 가을나무〉*였다
마음 가장자리 섬이었다

이쪽에서나 저쪽에서도
흐르는 시간 속에서도
자라나는 엽록체들

언뜻 열어 보이는 나이테의 봄이
아무도 모르는 사이에 그리어졌고
깊은 마음속에 타오르는 수액樹液은
둥그런 열매로 맺혔다

---

* 「비 듣는 가을나무」는 박재삼 시인의 시집 제목을 인용

채 익지 않은 가을에
숲속에서 아직도 지침이 없이
새벽이 빛 맞아
하늘 향해 손 흔드는 목숨
여신女神을 기리는
나의 나무 깊은 뿌리여

어제는

깊은 밤 물 흐르는 소리에
산들의 일월日月이 지고 있었고
오늘은
우리들 가을이 저물고 있다

벽癖

여기,
누가 말리거나
막아설 수 없는
서치書痴의 흐름이 있어

그 좁은 틈새로
빛과 어둠이 지나네

촌음寸陰의 시간이
알뜰하네

그 아까운 것들…

백혜욱 여사女史님께

늘 어머니 같은 분
조용한 아름다움 속에서
사철 말보다 깊은 생生을 건네신다
바람처럼 불어와 잠시
행복한 땅에 핀 꽃을 건너다보았을 뿐이다
빛의 기둥을 세우고
한 줌의 땅을 기름지게 지키고 있는
깊이 깊이 꽃피는 씨앗

청려장靑藜杖

명아주 지팡이 짚고
몸과 마음
하나로 묶어
호젓이 걷고 있네

그윽한 정회
씻을 길 없어
동네 한 바퀴 도네

푸른 소나무 길
내 옆에 묵혀져
오갈 때마다
이 몸을 생각해주네
넘어지지 않게

멈추어 서서

내 잠시,
미명의 새벽시간
여름 석 달 동안,
마루에 누워
말옷 말옷 별과
눈 맞추면
슬픔의 한때도 가신다

마음心의 꽃다운 시간
변형도를 그린다

안으로
안으로
저절로

세상의 시간들

빛과 어둠,
샘이
서로 섞이어서
술잔 속
바람으로 인다
그걸
누가 마시느냐

가슴 속
헛바늘
뽑아내려고

번갈아
퍼올리는 샘물,
달고 한가로운
경계,
맛이 상하지 않을
때, 실컷 마셔라

꽃을 보며

우리는 서로 마주보며
무엇이 자라고 있을까

오늘 꽃줄기 넘어와 나비 한 마리
나풀거린다
말보다 먼저 일어서는 향기
마음이 가득할 때
낮은 숨결로 먼 곳에 매인
그대 가슴 열어 보아라

멀리서 첼로 소리로 되돌아온
꿈이여

우리 서로 마주 보며
그대
깊어지는 강이여

손거울

더 많은 것을 보아서는 안 될 것
극성스런 욕망
많은 참을성을 꾸며
수천의 모습을 그려본다
제 모양의 이유를 꾸미고
가꾸던 말, 결코,
희망만은 아니었다
모든 형상을 받아들이면서
시대를 밟아온 청동, 구리, 금, 은……
담뱃갑 같은 사치를 만지작인다
눈썹을 그린다
지루한 내 방房의 굴레를 벗어나,
겨울을 얘기하며 찬탄하는 한숨
어느 몸매를 모방하여,
윤곽이 잡힐 때,
버려야 할 반사의 끝없음이여
나는 웃는다

미쳐버린 저 진열장의 화장품을 감탄하며
수많은 집을 짓고 있었다
사방四方 벽 없는 또 하나의 방房을 꾸미면서
「진원 교향곡」을 듣고 있었다

송아지와 란蘭

넋 잃고 앉았다
내 가슴
교정을 보던 붓이 잘렸다

여물 주고 온 아내가
송아지 역성을 든다

지금 팔 다리 잘리운 채 까물린
란蘭을 보며
다시 심고 있는데

“차라리 애기나 하나 더 기르지” 한다
허
참—

손 끝이 떨리는 순간
흐젓이 어둠은 밀려오고 있었다
무한정 그리움만 찾았다

무거운 하늘

동지冬至 선달
납빛 하늘을 울리며
기러기가 길 열고 올 때
나의 가슴 속에는
순이의 그을린 모습이 쏟아져 내렸다
송이 송이 아름다운 눈꽃송이가
찬란燦爛히 나부낄 때
말없이 하늘엔
마음속 깊이만 세워지고…

날개를 달고 오는 노래여
멀리서 귓속말로
그대 따스한 모습 햇살인 양
남몰래 한적한 곳에
쏟아내린다

내 마음 우울해지면

나른하게 지친 어깨 위에 눈이 내린다
창백한 하늘에 접어둔 이야기가
어떻게 흘러내리는 것인지
아는 이는 눈 쌓이는 거리의 풍경風景에서도 안다

목청을 가다듬고서 침묵하는 사람들아
어느 마술사의 셈 같은 삶,
때 늦은 고백을 기대하지 말라
시간의 손 안에서 시들어
산화散華한 꽃들의 형상形像을 찾아
시종일관 떠들고 힐책하고 은은하게 채색彩色하고
우리는 뭐라고 떠들고만 있는 게 아닐까

사랑이 구멍 나서가 아니라
세상의 모든 것 앞에서
온 하늘을 덮고 꿈틀대는
우리들 풍경 해법解法은

저 무거운 하늘을 맑게 하는
즐거운 감상이다

소곡小曲

그대 돌아오시니
이적지 팔가슴에 안긴 어두운 시간들
긴 이야기로 풀려나온다
저마다 눈 감지 못 하는 밤
창밖에는 함박눈이 퍼붓고
옛 이야기
한 구절 되살아 와
여럿여럿 빛나는 꿈
움치고 있다

아무도 모르리라
다시 열어야 할 길
눈을 맞으며
얼어붙은 강물 위에 길을 내던
우리들의 내면에 놓인
그 흔적들…
어두운 밤 베개맡에 고이는
그대와 나

비 오는 날

그대 떠나고 나니
어둠 속 비가 추적인다
깨끗한 눈물 끝에 남는 이름 세 자
인연의 줄에 매어 부활復活을 꿈꾼다

나 지금,
죄를 품고 누워 있다
폭풍을 휘젓던 그날의 일엽편주一葉片舟
그 시간을 기억한다
노하駑下의 말이 무섭다
잠들었던 하늘이 다시 와 나를 깨워도
봄은 또 올 수 있을까

여기에 부표浮票 하나 매달아 놓아
나중에 짐이 무거워 부릴 곳이라고
폐선廢船이 되어서 갈앉은 자리라고
외우고 있다

가슴 속 만리 그 한복판에
다시, 대양大洋이 열리고,
등댓불이 켜지는 날
우리 다시 만날 수 있을까

어느 경계境界에서

한 발짝이 아슬아슬하다
몇 치 밖은 벼랑이다
나는 구름일 수 없어,
새의 날개일 수도 없어서
한계限界 밖에 거통으로 서서
수천만 길
갸기부리는 추락墜落
몹시 아슬아슬하다
'네 몸무게를 덜 수 있느냐?'
눈 감으면 세상에서 사라지는
시린 아픔, 그날
이슬의 영롱玲瓏한 소리를 본다
고추잠자리 날개에서
비상하는 가을 햇살
그 하늘
산은 꼼짝도 않는다

들녘에 빠진 달빛

호수에서 나온 어슴프레한 달빛이
뽀얀 내 목덜미를 적시고
잠자는 들녘을 깨우러 갔다가
그 품에 다리가 빠져 은은하게 잠자고 있다
겨울이 가고 또 정월 대보름밤이 와서
쥐불 놓던 느티나무 어린 잎들이
달빛 속에서
부싯돌 불똥들을 튀긴다
한순간 달빛에 간을 들인 바람이
낮이면 하얀 연을 하늘 높이 실어 갔다
나는 병원 침대에 누워
얇고 끈끈한 꿈을 꾸고 있었다
내 혈관 거미줄 속으로
코스모스 바늘 같은 씨앗이 박히기도 하였다
손가락을 폈다 구부렸다 한나절이
가기도 했다
허약한 꿈이었다

감로곡甘露谷에서

하늬바람도 자고
찬이슬 내려

수양버들은 흐느끼다
한들한들 지쳐
무슨 꿈
꾸고 있으냐

가슴 깊이
늦도록
은촛불 밝혀
야스락거리느냐

이슥한 밤, 새벽달은
한기에 저려 온몸
강물 적시며
깊이 가라앉는다

우중雨中에

빗소리 요란하다

비가 쇠줄같이 쏟아지는데,
풀국새는
무슨 설움 저리도 많아
더 섧게
내 심장을 씻어 내
상처 돋게 하는가

비야 그쳐라
어지간히 울어라
혼자서 불을 사르고 있다

나의 시간

아침나절
금빛으로 빛나는 여자만汝自灣
바다를 듣는다

백사白沙금 육모정에 앉아
희미하나 그윽한 시조 한 수 시작되고
오는 데 만큼 왔다가
가는 데 만큼 가는 저 물길,

바다는 찬란한 꿈에 일렁이고
파도는 지금,
부딪치고 밀려가고
파도치기를 계속한다

그리하여 내 눈에 어리는
눈부신 아침햇살
진목리眞木里 파도 소리

나를 지나는 자유, 그 바다는
그늘진 그 누구라도
가슴을 시원히 씻어준다

깊이에 대하여

지금, 어부漁父는 출어出漁 중이다
사도沙島를 지나 공정도島에 이르면,
파도가 소용돌이 치는 밀물과 썰물 때를 만나보게 된다
명주실 한 꾸러미 다 내려도 닿지 않는다는 물의 깊이에 대하여
이야깃거리가 많다
그곳을 지나야 하는 불안不安도 여전하다
물이 감감히 바라보이는 지점에 이르러서야
그물을 내릴 수 있어
만선滿船의 기쁨도 예감
이물과 고물을 때리는 파도의 높이와 물의 깊이를 알아야
그물 폭도 셈할 수 있다
살면서 얼룩이 지는 시간대마다
생선 등지느러미 서슬같이
우리는 모든 깊이에 대하여 알 수 있을까
말할 수 있을까

밀어密語

한밤중 탱탱해진 가슴을 움켜쥐고 신음呻吟하다가
불현듯 잠이 깨어 홀로 앉아 있다
몸이 말을 안 듣는구나!
문을 열고,
암흑暗黑이거나 저 평원平原 같은 언덕,
하늘에 말옷 말옷 눈 뜨고 있는 별무리를 본다
"그래, 맞아, 저 별들이 내게 선善한 말을 건넨 적이 있었지"
어디 가면 빈천貧賤이야 못 얻겠냐고,
가슴 속, 거센 바람을 맞는다

저 익숙해진 빛에서 맴돌고 있는 말들
시詩 한 줄의 위안慰安, 평안平安 속
나도 모르게 대답한 서투른 말, 말들
아침에 개인 눈으로 보니, 아무것도 없다
한 줄의 시詩도, 확 트인 길도, 흔적痕迹 없다

나의 방房 안은 냉기만 가득 채워 있었다

시간의 여울만 흐르고 있었다

'초목草木의 잎도 떨어지면 뿌리로 내려가 새싹을 마련한다'고 했지?
어젯밤 별이 들려 준 이야기이다

5부

결

결 77

내가
손가락으로
허공에 글 쓰고
있으면,

연연한
여~~운餘韻은~~
끝없이 이어져

물결 위를
스치는
맑은 바람결

결 3

샘가에서 손 씻고 있는데
누가
등을 살짝 토닥여
소스라쳐 뒤돌아보니,

동짓달 열사흘 달이
앙상한 감나무 가지 새로
환히 웃고 있다

신애!

모든 것 제쳐두고
더 가까이 몰려와서
나,
두근거리는 가슴결의
마사지

결 5

별 좋은 가을 날
마루에 해 비친 무늬결
고요히 채색해 돌아오시는
이승을 뜨개질하시는
어머니 손길도 보이고,
소실점消失點 끝에 앉은
빨간 고추

결 6

새벽녘
뜨락에 서니
서릿발 어슴프레 반짝인다

흘러간 꽃다운 때,
벌써 단풍인가
뒤안 대숲마저
푸른 입술 다물고

희번히 동터오는
속 비치는 여명黎明

결 7

눈결 닿는 여자도汝自島 너머
팔영산八影山에
허리안개 둘러
비밀한 내 사랑 한숨
숨었다

진목리眞木里 하늘 가득
가을은 맑고,

배다리 선창가 주막집,
아낙은 전어 굽고
남정네 그물코 가리다
옷 소매에 묻은 비늘을 털고 있다

물새 울음 소리로 닦아 놓은
창가에 어리는
빨간 노을 한 폭

결 21

감로곡甘露谷 언덕바지에서 바라다보이는
삼여三汝 등, 지금
노을 빛 불타구나

홀로 산山길 내려오다
바다 건너, 팔영산八影山 저 멀리
고깃 배 몇 척
아스라한 점點으로 남고,
물결도 (파도波濤마저) 옛 풍경
그 고전古典의 획들로 넘실거릴 때,
서녘 하늘로 기대인 겨울나무
앙상한 가지 새로
실눈 뜬 초승달이 걸려서
잠시나마 만나게 해주는
한껏 묻은 흔釁

결 29

동짓달 초승달은
내 숙안宿案의 궁통窮通

고운 붓 살짝 눌러 찍는 점
내 가슴결을 엿본다

달진 이후
내 맘 신령한 곳 열어젖혀
따뜻이 품어본
가이 없는 밤 하늘

또, 한 번
사뿐이 하늘에 걸린 조각달
인연이네

아무 말 없는 겨울밤,
너와 나, 눈

결 8

농부가 땀 흘리는
밭두렁 가
술참 때,
아낙이 술 이고 온다

하늘엔 흰구름 한 송이
한가한
그러언 시간
논냉이 꽃이
방긋 웃는다

결 13

향일암에서 바라다보이는
수평선水平線
그 너머에서
금거울*이 날아올라
밤새 대웅전 석등石燈에 매달려 있네

화엄 읊은 목탁 소리
파도波濤 소리에 섞이네

밤내 가득한 달빛
뒹굴다 간 자리
그대 귀끔스런 염원念願은
동백나무 가지가지에 달라붙어
붉은 송이송이 거울에 비치네

---

* 금거울: 一晁補之의 「동선가洞仙歌」 인용

결 35

단수單數로
짝수로
훌훌
지나가는 날들,

가만히 시냇가에서
물 흐르는 소리 듣네

발목을 적시며
물길을 건너네

결 32

음향이 섞이어
겹친 풍경 속,

귀가 더 커질수록
소리 맑아

그
은은한 그림자
길게 늘리어진다

김정현 시집

歸家

인쇄 2019년 2월 12일
발행 2019년 2월 15일

지은이 김정현
발행인 서정환
펴낸곳 신아출판사
주소 전북 전주시 완산구 공북 1길 16(태평동 151-30)
전화 (063) 275-4000 0484 6374
팩스 (063) 274-3131
이메일 shina2347@navercom sina321@hanmailnet
출판등록 제465-1984-000004호
인쇄 제본 신아출판사

저자와 협의, 인지는 생략합니다
잘못된 책은 바꿔 드립니다

ISBN 979-11-5605-603-4 03810

값 11,000**원**

이 도서의 국립중앙도서관 출판예정도서목록(CIP)은 서지정보유통지원시스템 홈페이지(http://seojinlgokr)와 국가자료공동목록시스템(http://wwwnlgokr/kolisnet)에서 이용하실 수 있습니다(CIP제어번호: CIP2019004696)

Printed in KOREA